NOTICE BIOGRAPHIQUE

SUR PAUL RABAUT,

Pasteur pendant plus de cinquante ans de l'Eglise Réformée de Nîmes, département du Gard,

Extraite de l'Ouvrage intitulé : *Réflexions philosophiques et politiques sur la Tolérance religieuse, sur le libre Exercice de tous les Cultes, et sur l'Inquisition, les Moines et les divers Célibats,* etc.

PAR J. P. DE N***.

A PARIS,

DE L'IMPRIMERIE DE BRASSEUR AINÉ.

1808.

Se trouve à Paris chez Brasseur aîné, rue de la Harpe, n°. 93 ; Et chez Gauthier et Bretin, *à la Libraire Protestante,* rue Saint-Thomas-du-Louvre, n°. 3a.

AVERTISSEMENT.

Cᴇᴛᴛᴇ Notice n'a point été faite pour paraître iso-
lément; elle n'est qu'un appendix de l'ouvrage intitulé :
Réflexions philosophiques et politiques sur la Tolé-
rance religieuse, sur le libre Exercice de tous les Cul-
tes, et sur l'Inquisition, les Moines, les divers Céli-
bats, etc., considérés sous le rapport du progrès des
lumières en Europe, et de leur état en France au com-
mencement du 19ᵉ. siècle. L'auteur a cru devoir faire
tirer des exemplaires séparés de cette Notice pour
la satisfaction de ceux qui, sans acquérir l'oúvrage
entier, seront cependant bien aises d'avoir des notions
sur la vie sacerdotale et privée de ce respectable Pasteur. Ce n'est donc point un éloge en forme; ce n'est
point l'histoire de la vie entière de Paul Rabaut: ce n'est
qu'une notice; ce n'est enfin qu'un accessoire d'un ouvrage beaucoup plus considérable, qu'on trouvera aux
mêmes adresses que celui-ci.

Nota. Deux exemplaires de cet Ouvrage ont été déposés à la
Bibliothèque Impériale. L'Auteur n'avouera que ceux des exemplaires qui porteront son paraphe.

NOTICE BIOGRAPHIQUE

SUR PAUL RABAUT,

Pasteur de l'Eglise réformée de Nîmes.

———

QUOIQUE nous associons le nom de Paul Rabaut à des noms illustrés par leur savoir ou par d'éminentes dignités, nous n'entendons pas dire qu'il égalât les Mélanchton et les Fénélon en talens et en érudition, mais il les égalait en vertus ; et si la proscription, dont des lois barbares et tyranniques avaient frappé ses fonctions sacerdotales, ne permet pas de présenter son ministère avec cet imposant éclat dont s'entourent les grands dignitaires de l'église romaine, il n'en devient que d'autant plus recommandable ; il est surtout admirable lorsqu'on voit que, privé de l'appui de l'autorité, proscrit, loin des grandeurs et de la fortune, si imposantes aux yeux du vulgaire, dans des fonctions pour ainsi dire obscures, (s'il peut en être lorsqu'elles ont pour objet de montrer aux hommes leurs devoirs envers Dieu et les souverains) il a acquis, par le seul ascendant de ses vertus, d'aussi grands droits à la reconnaissance des Français, qu'auraient pu en acquérir les hommes les plus distingués en talens et en dignités. Ce furent ces vertus chrétiennes autant que philantropiques (et dans la religion protestante ces deux qualifications sont presque synonymes) qui, mises par un long ministère en action immédiate sur un peuple nombreux, actif, ardent et exaspéré par les plus cruelles persécutions, parvinrent, par la juste application qu'il sut en faire, à contenir tous les Réformés de la France, que le fanatisme impolitique du gouvernement semblait vouloir provoquer aux plus grands désordres. Semblable à nos preux et anciens chevaliers qui avaient pris pour devise *Dieu et le Roi*, Paul Rabaut ne se départait jamais de ces deux immuables principes, obéissance à Dieu, soumission au souverain; et lorsque le souverain, dans la personne de son roi ou de ses agens, le persécutait, ainsi que ses collègues et la secte entière, il opposait toujours la patience à la tyrannie, une modération sans exemple aux plus cruelles violences, et une inépuisable charité aux calomnies les plus atroces. On a dû reconnaître par la lecture de notre ouvrage que nous ne rendons pas un hommage servile ni aveugle à tous les membres des divers sacerdoces. Nous comptons pour peu l'érudition, la logique et le génie des Luther, des Calvin et des Bossuet, lorsque nous ne trouvons pas en eux cette patience, cette douceur évangélique, cette tolérance qui ont distingué les Mélanchton, les Lascasas, les Fénélon, et qui seules peuvent rendre la religion aimable : on ne nous accusera donc pas de prévention ni de partialité si, en attendant qu'une plume reconnaissante et plus habile que la nôtre acquitte, nous osons le dire, la nation entière, et surtout la province du ci-devant Languedoc, des obligations qu'elles ont à Paul Rabaut, nous donnons dans une courte notice biographique un premier aperçu de la vie de ce respectable pasteur, et des services qu'il a rendus à la patrie et au gouvernement qui l'avait proscrit ; c'est un hommage que nous nous plaisons à rendre à la mémoire de ce vénérable patriarche, que nous avons eu occasion de connaître. S'il eût été Luthérien, Juif ou Musulman, nous lui aurions rendu ce même hommage ; ce ne sont point les opinions religieuses, ce n'est point le théologien que nous avons voulu louer, mais c'est le citoyen vertueux, le bienfaiteur de sa patrie que nous avons voulu offrir à l'admiration, en le faisant connaître dans sa vie publique et privée. Mais surtout loin de nous l'idée de vouloir, en rappelant ces persécutions, réveiller des haines et des ressentimens qui ne peuvent exister sous un gouvernement tel que celui qui nous régit, et qui a su les réprimer: d'ailleurs les lois qui légitimaient ces excès ont été abrogées, et les hommes qui les faisaient exécuter ne sont plus; ensorte que nous écrivons ces événemens, et le lecteur doit les lire, comme on lit les proscriptions de Marius et de Sylla, et il ne peut en résulter que le précieux avantage de nous faire connaître tout le prix de cette paix intérieure que nous procure le sage système de tolérance qu'a adopté NAPOLÉON.

Paul RABAUT naquit à Bédarieux, actuellement département de l'Hérault, le 9 janvier 1718, d'une famille protestante, dans laquelle non les richesses, mais les vertus et la piété étaient héréditaires. Ses parens ne le destinaient point au sacerdoce, et ne pensèrent pas, dans les persécutions dont leur secte était affligée, à cultiver en lui les dispositions qu'il montrait dès son bas âge pour les études; ils se bornèrent à cultiver celles qu'il manifestait pour la piété,

qui, à leurs yeux, était l'unique science ou qua-
lité nécessaire à l'homme ; encore jeune il
montrait beaucoup d'application à l'étude et
d'aptitude aux sciences ; son maître d'école
l'appelait le ministre de Charenton. Le zèle
pour la religion, dont cette famille était ani-
mée, la portait à donner quelquefois asile aux
pasteurs, qui, n'en pouvant avoir de fixes,
d'habituels et de sûrs, étaient obligés d'errer
de maisons en maisons, et le plus souvent
dans les champs, les bois et les rochers. Un
de ces ministres du *désert*, (ainsi appelés
alors parce qu'en effet ils vivaient et fonction-
naient dans des déserts) ayant été accueilli
dans la maison Rabaut, crut reconnaître
dans ce jeune adolescent des qualités apos-
toliques, et il ne se trompa point ; jamais
homme depuis les Apôtres n'en a plus mani-
festé que lui. Il lui proposa d'entrer dans
le sacerdoce, qui dans ce temps n'offrait aux
ministres réformés qu'une vie errante, des
peines, des angoisses, et le martyre pour
récompense. Le jeune Rabaut n'avait alors
que seize ans ; il n'avait pas fait d'études pré-
liminaires assez approfondies ; mais il sentit sa
vocation, et accepta la proposition. Dès ce
moment il se voua tout entier avec un zèle
étonnant à l'état qu'il venait d'embrasser ; il
quitta, sans autre regret que celui qu'inspire
la tendresse filiale, la tranquillité et les dou-

(8)

ceurs domestiques de la maison paternelle,
pour s'élancer dans les dangers d'une vie errante et proscrite. Il voulut commencer des
études plus profondes; mais dans les perpé-
tuelles agitations et les soins qu'exigeaient
les précautions à prendre pour échapper
à la proscription, elles devenaient très-
pénibles, et même impossibles; car cette
persécution était si sévèrement barbare et
impitoyable, qu'elle conduisait infaillible-
ment au gibet tous les ministres dont on
pouvait se saisir. N'habitant jamais plusieurs
jours de suite la même maison, ne fréquen-
tant que des chaumières éloignées, il n'avait
aucun moyen d'étendre la sphère des connaissances nécessaires à l'exercice de ses fonctions.
Les livres de son état étaient proscrits avec
autant de rigueur que les pasteurs mêmes ;
il se vit réduit à la simple instruction orale
que lui donnait le ministre qu'il suivait, et
qui n'avait lui-même point de profondes
études. Ce fut en parcourant ces maisons hos-
pitalières que Rabaut trouva à Nîmes une
épouse assez courageuse pour vouloir par-
tager ses dangers en s'associant à son sort ;
et la même maison qui lui donna cette épouse
chérie lui sauva aussi plusieurs fois la vie. Il
n'était encore que Proposant lorsqu'il se ma-
ria; mais il sentit que pour se rendre plus digne
des derniers ordres qu'il avait à recevoir

par l'imposition des mains, il avait besoin de
se perfectionner dans la théologie; il passa
dans cette vue à Lausane, et au bout de quelque temps il y fut reçu ministre du saint
Evangile.

Le sort funeste qu'avaient éprouvé un
grand nombre de ministres en France n'em-
pêcha point Rabaut de revenir dans sa
patrie. Il se fixa à Nîmes : il se distingua
bientôt dans la carrière évangélique; on ac-
courait de toutes parts à ses prédications : une
voix éclatante avec une prononciation dis-
tincte lui permettaient de se faire entendre
à de grandes distances et en plein champ,
par un auditoire toujours nombreux, et quelquefois composé de dix à douze mille âmes :
ses prédications, dont personne ne perdait un
mot, étaient plus remarquables par le zèle et
la morale qu'il y déployait, souvent d'a-
bondance, que par les fleurs de rhétorique
et une érudition étrangère à son objet; mais
il avait l'érudition de la chose la plus essen-
tielle de son état, c'est à dire la connais-
sance très-approfondie des saintes écritures;
il n'avait que la bonne éloquence, celle du
cœur, et c'est avec ce seul moyen qu'il faisait
souvent fondre en larmes tous ses auditeurs.
Mais c'est dans la prière surtout qu'il excel-
lait : personne n'a jamais prié Dieu avec
plus d'humilité, de ferveur et d'onction que

lui ; il touchait toujours le cœur, et élevait l'âme ; il exhortait aussi les malades et les mourans avec un rare talent : il parvint enfin à acquérir la confiance des Catholiques mêmes, non des fanatiques, qui dans toutes les religions ne l'accordent qu'à eux seuls, mais des Catholiques raisonnables, et même celle de l'évêque de Nîmes, Becdelièvre, qui plusieurs fois se concerta avec lui pour des réconciliations, ou pour d'autres objets propres à maintenir la tranquillité entre les sectateurs des deux cultes.

Tant de vertus, de si rares qualités dans un pasteur qui se trouvait à la tête de l'église réformée la plus nombreuse du royaume, celle de Nîmes, étendirent bientôt la réputation de Paul Rabaut dans toute la France protestante ; il devint le chef, mais le chef paisible et débonnaire de toute la secte. L'église où il était fixé devint aussi le centre de la correspondance religieuse de tous les Calvinistes du royaume ; c'était le point de réunion où arrivaient tous les rapports sur les vexations multipliées qu'éprouvaient les Réformés de toutes les parties de la France, par une suite nécessaire du système d'intolérance adopté depuis la révocation de l'édit de Nantes : les griefs augmentaient tous les jours, moins par l'intensité progressive des persécutions, que par les progrès de la raison

et de la philosophie , qui s'étaient perfection-
nées , et qui faisaient mieux ressortir tout l'o-
dieux de cette intolérance, et la rendaient
plus insupportable. Les esprits s'aigrissaient ;
il était à craindre que ces longues et cruelles
persécutions ne provoquassent de nouveaux
éclats, qui auraient renouvelé toutes les hor-
reurs de ces guerres civiles et religieuses qui
ont été si funestes à la France. Rabaut con-
tribua puissamment par son influence à contenir cette dangereuse exaltation des esprits :
mais il crut devoir s'occuper des moyens
de faire parvenir aux pieds du trône les nom-
breuses et justes réclamations qui venaient
de toutes parts ; il les réunit dans un mémoire
qu'il rédigea. Cependant comment faire parvenir ce mémoire au Roi, lorsque personne n'o-
sait seulement se charger de le présenter à ses
commandans dans la province ? Chacun crai-
gnait de s'exposer , et ce fut l'homme proscrit
par la loi, le pasteur dont la tête était mise
depuis long-temps à prix , Rabaut lui-même
qui s'en chargea. Il s'agissait de la paix et du
bonheur de plusieurs millions de Français ;
il s'agissait de la tranquillité publique ; il
fallait s'assurer que le mémoire serait direc-
tement transmis au roi ; on était presque cer-
tain du bon accueil que le monarque lui ferait s'il en prenait lui-même lecture. A l'aspect de ces importantes considérations Paul

Rabaut se détermine à braver tous les dangers ; ils disparaissent même à ses yeux pour faire place à la flatteuse espérance de pouvoir servir tout à la fois sa patrie, son roi et les religionnaires. Plein d'espérance en Dieu et dans la bonté de sa cause, avec la seule et faible précaution de se faire accompagner par un guide fidèle, tous deux montés sur d'excellens chevaux, ils osent attendre à un embranchement de route, à deux lieues de Nîmes, près du village d'Uchaud et du relai de la poste aux chevaux, le marquis de Paulmi, alors en mission dans les provinces méridionales de la France, investi de grands pouvoirs militaires, et qui s'en retournait à Paris : mais telle est la confiance qu'inspire aux âmes généreuses l'idée d'une grande et belle action, surtout au moment de son exécution, où on ne voit qu'elle et les grands résultats qu'elle doit produire, que Paul Rabaut, en voyant approcher la voiture qu'il attendait, met pied à terre, néglige toute précaution, et remet la garde du cheval qu'il montait à son guide ; et seul il se présente à pied ; il se fait entendre du marquis entouré de son escorte et de ses gens. Paulmi fait arrêter sa voiture, et Rabaut, proscrit, ose décliner à la portière son nom et son état à un chef militaire qui aurait pu le faire arrêter. Paulmi, étonné de ce courage, l'admira, et voulut l'égaler en grandeur et en vertu : loin de se prévaloir de la circonstance, il écouta paisiblement le courageux pasteur; il reçut son mémoire, promit de le présenter lui-même au roi : il tint parole; et en effet c'est de cette époque que les persécutions religieuses commencèrent à se rallentir.

La constante persévérance de Rabaut à invoquer auprès de l'autorité suprême une tolérance que l'humanité sollicitait, et que la sage politique commandait; le courage avec lequel il fit connaître à cette autorité une partie de l'abus que ses agens subalternes faisaient en son nom du pouvoir qu'elle leur confiait, lui attirèrent un redoublement de persécutions plus particulières et plus directes. Sa tête fut de nouveau mise à prix; et cette circonstance, loin de l'effrayer, ne servit qu'à renforcer son paisible courage, et son généreux dévouement à ses fonctions.

Les Protestans en devinrent plus attachés à leur culte et à leur vertueux pasteur; leur constance et leur résignation très-prononcée à souffrir tout plutôt que de renoncer à leurs opinions, suggérèrent aux ennemis de la tolérance l'idée de chercher de nouveaux moyens, violens ou séducteurs, pour faire sortir du royaume les ministres du *désert*, qui étaient soupçonnés avec raison de nourrir ce courage invincible; mais ils

étaient arrêtés par la difficulté de les sur-
prendre et de les saisir dans leur vie errante, et toujours entourés d'amis fidèles
qui les avertissaient de l'approche des dangers. Ne pouvant donc se saisir des pasteurs,
ils imaginèrent de se saisir de quelques no-
tables à l'issue d'une des assemblées religieuses ; et en effet ils arrêtèrent deux citoyens qui étaient considérés à Nîmes, dont
l'un se nommait Turge et l'autre Fabre, qui
furent condamnés aux galères pour avoir as-
sisté à cette assemblée. Cet acte de violence
barbare donna lieu à un trait de piété filiale digne d'être transmis à la postérité : le
fils de Fabre, voyant son malheureux père,
vieillard infirme, prêt à subir une peine à laquelle son âge et ses infirmités le feraient
bientôt et prématurément succomber, s'of-
frit généreusement pour le remplacer, et son
offre fut impitoyablement acceptée, sans que
tant de vertu, qui aurait été admirée par les
Grecs et les Romains idolâtres, pût désarmer
l'intolérance, tant elle est aveugle et cruelle
dans sa haine. (1) L'estime et la considération
dont jouissaient ces citoyens donnèrent lieu aux
plus vives instances et à toutes les démarches

---

(1) C'est ce généreux trait de piété filiale qui a été
transporté sur le théâtre français dans le drame intitulé l'*honnête Criminel*, par Fenouillot de Falbaire,
et qui a été traduit en d'autres langues.

(15)

que le plus vif intérêt pouvait inspirer à leurs amis et à tous leurs coreligionnaires. C'est ce que les persécuteurs désiraient ; ils espéraient que pour racheter ces captifs ils abandonneraient leurs ministres, et conséquemment on promit de rendre la liberté aux prisonniers si Paul Rabaut consentait à sortir du royaume, et qu'à cet effet il lui serait accordé un sauf-conduit ; on lui fit même offrir une place avantageuse de pasteur dans l'étranger. On se flattait par ces offres, ou d'obtenir l'éloignement de Rabaut, ou, s'il s'y refusait, de lui voir perdre son influence par la résistance qu'il opposerait aux sollicitations des nombreux amis des condamnés ; mais on se trompa : on ne connaissait pas toute l'étendue du dévouement et du courage qui étaient également communs au pasteur, au troupeau et aux prisonniers. Ces offres ne furent point acceptées ni par Rabaut, qui avait déjà depuis long-temps fait le sacrifice de son repos et de sa vie à l'instruction et à l'édification de ses ouailles, ni par les pieux condamnés et leurs amis qui, dans leur opinion religieuse, attachaient un grand prix à la conservation de leur pasteur.

À cette même époque Paul Rabaut eut, par une sorte de sauf-conduit, une entrevue avec le commandant de la province ; dans cet entretien le commandant lui dit, entr'autres choses : *Si vous aviez voulu quitter le royaume l'on aurait mis en liberté ces prisonniers auxquels tant de personnes prennent intérêt.* Rabaut lui répondit : *La persécution enfante aussi le fanatisme dans les persécutés ; si les pasteurs instruits abandonnent leurs troupeaux, il en naîtra de fanatiques, et le gouvernement ne doit pas le désirer; l'on accusera les persécutés, tandis que les persécuteurs seront seuls coupables.* Le commandant parut saisir le sens de cette réponse.

Dès le commencement de sa carrière apostolique, Paul Rabaut avait fait un voyage à Paris, dans le dessein de solliciter des lois moins sévères pour les Protestans; car les esprits n'étaient pas mûrs alors pour la liberté religieuse. M. Béchard, son proche parent et son introducteur, avec qui il avait fait le voyage, mourut subitement, et le laissa isolé dans cette ville immense. Rabaut ne fut pas découragé ; il vit de nouveau l'homme puissant, le prince en la protection duquel il espérait le plus : mais celui-ci lui ayant fait des questions insidieuses, Rabaut y opposa des réponses évasives : et, ne voulant pas compromettre son caractère ni ses principes, il prit la poste le lendemain, et retourna à ses fonctions, qu'il aima davantage. Ce prince lui fit souvent parvenir des témoignages de son estime.

Que l'on compare ces temps de proscriptions avec la liberté religieuse que l'Empereur des Français a établie, et qui présente aux yeux de l'homme ami des hommes un spectacle unique dans les fastes du monde chrétien, et l'on bénira celui qui, suivant l'impulsion de son cœur généreux, et consultant l'expérience des siècles, a fait cesser, comme par enchantement, et par le seul acte de sa parole, ces préjugés honteux et tyranniques que quelques individus voudraient cependant reproduire, quoiqu'ils aient plus ou moins désolé l'Europe pendant seize ou dix-sept siècles.

Ainsi, Paul Rabaut passa la majeure partie de sa vie dans des persécutions qui ne troublèrent jamais la sérénité imperturbable de son âme, mais qui affectaient beaucoup les religionnaires, dont lui-même calmait l'indignation si difficile à contenir. Pendant plus de 3o ans il n'a habité que des grottes, des huttes et des cabanes, où on allait le relancer comme une bête féroce : il habita long-temps une cachette sûre qu'un de ses guides fidèles lui avait ménagée sous un tas de pierres et de ronces ; elle fut découverte par un berger ; et telle était la misère de sa condition que, forcé de l'abandonner, il regrettait encore cet

2

asile plus propre à des bêtes fauves qu'à des hommes : ce n'a été souvent qu'à la faveur des déguisemens qu'il a pu échapper aux plus imminens dangers. (1)

Paul Rabaut, à la tête de l'église la plus considérable de la France protestante, chargé du service de l'arrondissemént de Nîmes, le plus populeux de tous, et que très - souvent il a été seul à desservir, jouissait de la plus grande confiance et de la plus grande considération parmi ses collègues. Il fut pour ainsi dire le président-né de tous les synodes du Bas-Languedoc et des nationaux; il n'y fit usage de sa prépondé-

---

(1) Il s'aperçut une fois qu'il était observé par un espion qui feignait de dormir au pied d'un arbre : il lui donna le change ; il entra dans une ferme de campagne où il ne voulait pas rester , et peu après, à la faveur des ombres de la nuit qui survint , il passa à la ferme plus éloignée , où il avait dessein de s'arrêter ; et en effet la première maison ne tarda pas à être investie et fouillée avec d'autant plus d'exactitude qu'on avait la certitude de l'y avoir vu entrer. Une autre fois , surpris dans la maison d'un boulanger , qui lui avait donné momentanément asile, il n'eut pas le temps de s'évader; mais son calme ordinaire et sa présence d'esprit le sauvèrent. Il s'affubla du costume enfariné d'un mitron ; il prit à la main un flacon vide, dit à la sentinelle , qui

rante influence que pour recommander l'obéissance et la fidélité au roi, le respect à l'autorité, la patience dans les persécutions, la
prière même pour ceux qui les persécu-
taient ; enfin le sacrifice de tout ce qui, sans
compromettre la conscience, pouvait contri-
buer à la paix et à la bonne harmonie avec
les membres de l'autre communion. Mais un
trait qui, aux yeux du gouvernement surtout,
et en général de tous les amis du bon ordre,
doit faire le plus grand honneur à sa mémoire, parce qu'il met en évidence, dans une

---

était déjà posée à la porte d'entrée, qu'il allait chercher du vin pour rafraîchir ses camarades, et
elle le laissa passer. Il voulut sortir de la ville, et,
obligé de passer devant la sentinelle qui gardait la
porte par où il voulait s'échapper, il affecta beaucoup de gaieté, ne fut point reconnu ; il passa sain
et sauf et gagna rapidement les champs, où ses
amis, inquiets, qui le suivaient de loin, ne tardèrent
pas à le joindre. Le même jour, pour se rendre aux
vives instances d'un ami qui l'en avait prié depuis
long-temps, il alla le visiter ; mais un secret et heureux pressentiment le porta à refuser obstinément d'y
dîner ; en effet, à peine fut-il sorti que la maison
fut cernée. Il serait trop long de raconter une foule
d'aventures de cette espèce, auxquelles il échappa toujours miraculeusement, ou par son sang-froid, ou
par sa présence d'esprit, ou par la vitesse de son
cheval.

occasion signalée, son respect pour l'autorité et son amour pour la paix, c'est l'événement suivant :

Le ministre Désubac, pasteur dans le Bas-Languedoc, jeune homme de vingt-six ans, de la figure la plus intéressante, du caractère le plus doux, et en même temps du plus beau talent, était d'autant plus chéri, qu'à toutes ces qualités se joignait l'intérêt qu'inspire nécessairement aux sectateurs d'un culte le dévouement désintéressé d'un jeune homme qui, parmi plusieurs carrières brillantes et sans péril qu'il peut parcourir, préfère celle qui exige tous les sacrifices, et surtout celui de la vie. Ce jeune pasteur fut arrêté à Saint-Agrève en Vivarais, le 11 décembre 1745 ; il fut d'abord traduit à Pont-Saint-Esprit et de-là aux prisons de Nîmes, d'où il devait être conduit à Montpellier pour y être exécuté. Le bruit de son arrestation se répandit dans la contrée avec la rapidité de l'éclair, et fit naître le dessein de l'enlever à son passage sur quelques points de la route. Des jeunes gens non mariés de Nîmes et des villes environnantes des Cévènes voulurent être seuls à se dévouer pour l'exécution de ce projet; ils s'armèrent de fusils, de sabres, de faulx, de fourches et d'autres instrumens aratoires. D'autre côté le bruit de cette entreprise s'etant répandu, l'escorte qui conduisait le prisonnier avait été renforcée , et avait reçu l'ordre de le tuer plutôt que de le laisser enlever. Paul Rabaut , pasteur à Nîmes , averti de ce projet d'enlèvement, et des mesures qui de part et d'autre avaient été prises, sentit combien les suites , même d'une simple tentative , pouvaient devenir funestes , combien elle contrasterait avec le devouement tranquille avec lequel tant d'autres pasteurs avaient été suppliciés en présence d'un grand nombre de fidèles qui auraient pu aussi les sauver, mais qui, animés de l'esprit du vrai Christianisme , avaient préféré souffrir, et ne voir dans ces tranquilles supplices que des motifs d'encouragement pour persévérer dans leur foi , et pour imiter ces grands et beaux exemples : il vit aussi que ce qui n'était que l'effet d'un mouvement spontané serait représenté par des ennemis accoutumés à la calomnie comme le résultat d'un plan de révolte combiné , et amenerait nécessairement un redoublement de longues et cruelles persécutions : pénétré d'ailleurs de la sainteté de la religion qu'il prêchait, il croyait que se soumettre jusqu'au martyre était le plus sûr et le seul moyen de la recommander, de la défendre, et de lui être fidèle, et qu'enfin de nombreux martyrs prouvaient assez que les Protestans étaient pénétrés de ce sentiment, qu'il pouvait en ramener quelques-uns d'un moment d'erreur; il se transporta, malgré tous les périls auxquels il était depuis long temps accoutumé, jusqu'au lieu du premier rassemblement. Là il se trouva au milieu d'une jeunesse impétueuse autant qu'irréfléchie, qui n'avait d'autre sentiment, d'autre passion que d'exécuter son projet; les esprits étaient tellement exaspérés, tellement exaltés, que le pasteur, qui jusqu'alors avait toujours vu son nombreux troupeau céder à sa douce influence, ne put pas même se faire d'abord entendre. Vainement leur représentait-il que leur entreprise était une coupable révolte; qu'elle était d'ailleurs folle, en ce qu'ils étaient mal armés et indisciplinés; qu'elle exposait la province et le royaume à la fatale inflagration d'une guerre civile et religieuse dont ils provoquaient la première étincelle; il leur rappelait ce qu'il leur avait toujours prêché, que le devoir des Chrétiens persécutés n'est pas seulement d'être fidèles à leur Dieu, mais aussi à leur roi; il leur représentait les ordres et les exemples de J.-C. , des apôtres et des premiers chrétiens, l'honneur qui en rejaillissait sur la religion qu'ils leur avaient transmise, le blâme et les peines méritées qu'ils s'attireraient, le désaveu de leurs propres frères, la longue persévérance de leurs ancêtres; il releva la destinée des mar-

tyrs dont ils avaient vu le supplice, et fit va-
loir l'admiration qu'eux-mêmes leur avaient
accordée; enfin il leur exposait que leur entreprise était vaine et sans objet, parce que
l'escorte avait ordre de se défaire du prisonnier en cas d'attaque, et qu'ainsi, loin de
le sauver, ils hâteraient sa mort, et qu'ils lui
raviraient même l'honneur de mourir avec
gloire, en donnant lieu de soupçonner qu'il
participait à leur révolte......... N'importe,
lui répondaient-ils; nous le voulons mort
ou vif; nous le voulons......... Désespérant
alors de pouvoir les ramener à des sentimens
plus modérés, il leur dit : « Ah, mes amis !
« que ce pasteur que vous voulez sauver, et
« qui aurait donné son sang pour vous, s'il
« pouvait vous entendre et vous parler, vous
« blâmerait de votre aveugle amour pour
« lui; il vous désavouerait hautement, et
« vous ordonnerait de vous retirer. Ah !
« si Dieu me destine une pareille fin, je vous
« en conjure d'avance, et je l'exige de votre
« amour, laissez-moi mourir en paix : que
« je ne sois pas la cause des larmes que votre
« mort ferait verser à vos parens, à vos amis
« et à la patrie déchirée par des troubles, ni
« la cause des calamités qui suivraient une si
« coupable révolte; ce n'est qu'à cette condi-
« tion que je continuerai les fonctions du
« sacerdoce parmi vous, et sur votre pro-

« messe qu'en un semblable malheur vous lais-
« serez agir à mon égard la providence et les
« lois. » Cette courte harangue, dans laquelle
l'orateur se substitua au prisonnier, désarma
et calma cette jeunesse exaltée; elle reconnut
la voix chérie d'un ministre qui jouissait de
toute son affection, et, pleine de vénération
pour son vertueux pasteur, elle revint d'un
moment d'égarement, dont elle gémit; elle
obéit, et ne fit d'autre vœu que celui de
n'avoir pas un jour à pleurer pour une semblable mort celui qui venait de la rendre à
la patience et à la vertu. Paul Rabaut, ayant
ainsi gagné l'esprit de ce premier rassemblement, s'adjoignit quelques-uns des leurs pour
passer aux autres postes occupés; il leur parla
le même langage, et obtint le même succès,
et cette multitude se retira paisiblement. L'escorte, étonnée de ne trouver aucun obstacle,
conduisit le prisonnier à Montpellier, où il
fut exécuté le 1ᵉʳ février 1746 : il subit le
supplice avec courage; il arracha des larmes
à tous ceux qui le virent et l'entendirent
parler. Le souvenir de cet événement, qui s'est
précieusement conservé chez les Protestans
de ces contrées, les prédications de leurs
pasteurs conformes aux principes de la Ré-
forme, ces supplices si barbares endurés
par un si grand nombre avec la même résignation ont puissamment contribué à main-

tenir les Protestans dans leur foi et dans leur fidélité pour le prince.

En voyant ainsi Paul Rabaut appaisant cette nombreuse jeunesse exaltée, séditieuse, et indomptable pour tout autre que lui, en le voyant opérer ce prodige sans aucune autre force que la force morale, et l'ascendant que lui donnaient ses vertus, qui ne croirait, dans son enthousiasme, voir le *summus Moderator Olympi,* qui calme les vents et les tempêtes, et les passions des hommes et des dieux! ou ce

Tum, pietate gravem ac meritis si forte virum quem
Conspexere; silent; arrectisque auribus adstant:
Ille regit dictis animos, et pectora mulcet.

Enéide.

Tel fut ce vertueux vieillard, qui, par sa toute-puissante influence qu'un si rare mérite lui avait donnée sur les religionnaires, les contenait dans le devoir. Si dans cette occasion importante il s'était abstenu de paraître; s'il n'avait eu courage, prudence, éloquence, surtout cet empire le plus puissant de tous, celui que la vertu exerce sur ceux qui l'aiment encore; s'il n'eût eu cet ensemble de qualités, qui si rarement se trouvent réunies dans un seul individu, la France aurait pu être déchirée par une guerre religieuse, et les provinces méridionales surtout dévastées et ensanglantées; malheurs que la tyrannie et l'intolérance semblaient vouloir obstinément provoquer. Combien devons-nous nous féliciter qu'un homme qui avait tant de moyens à sa disposition n'en ait fait usage que pour diriger les Protestans au bien, dans un temps où les autorités paraissaient vouloir, par leur inflexible rigueur, les pousser au mal! C'est sous ce rapport que la France entière, le gouvernement, et plus particulièrement encore les contrées méridionales de l'empire, ont de grandes obligations à ce vertueux pasteur.

Les Protestans des environs de Castres avaient élevé un édifice, où ils se livraient aux exercices de leur religion ; on les dénonça au ministre comte de Saint-Florentin, connu pour être persécuteur, comme ayant bâti un temple. Le ministre ordonna au prince de Beauveau, alors commandant de la province, de faire démolir l'édifice avec éclat, et d'envoyer sur les lieux un régiment pour achever l'exécution de ses ordres. Le commandant s'adressa à Paul Rabaut, lui communiqua la lettre qu'il avait reçue, et obtint par sa médiation que les Protestans démoliraient eux-mêmes l'édifice : il n'y eut point d'éclat, point d'envoi de troupes, point de punition, point de dragonnades, et l'ordre ne fut pas troublé un seul instant. Ce n'est pas le seul acte de bonté qu'a fait en Languedoc le prince de

Beauveau, dont la mémoire y sera long-temps chérie, ni la seule fois que la raison, la sagesse et l'influence de Paul Rabaut ont été employées avec succès par l'autorité.

On dira peut-être qu'il ne fit que son devoir : nous le dirons aussi ; mais le simple devoir doit compter pour beaucoup dans un temps et dans des classes d'hommes qui offrent tant d'illustres et funestes exemples d'individus qui s'en écartent.

Paul Rabaut eut trois enfans, dont il soigna l'éducation et l'instruction. L'aîné fut Rabaut-Saint-Etienne, qui se distingua par des talens supérieurs dans les Assemblées nationale et conventionelle. Tout le monde connaît sa malheureuse fin; il fut une des illustres victimes du 31 mai : il cultivait avec succès les lettres ; il a laissé plusieurs ouvrages de goût et d'érudition. Si le titre de Ministre du saint Evangile n'avait été encore alors un titre de proscription, il aurait été sans doute membre de plusieurs Académies, et il semblait destiné à être inscrit dans les plus savantes de la France.

Le second est Rabaut-Pomier, qui, membre de la Convention, partagea la proscription et la prison de son frère; mais il échappa à la mort : il est actuellement membre de la Légion d'honneur, l'un des pasteurs-présidens de l'Eglise Réformée de Paris , où, avec des connaissances très-étendues et les talens de la chaire, il suit les traces et imite les vertus de son père, dont il a tout le caractère.

Le plus jeune, Rabaut-Dupui, membre de la Légion d'honneur, du Conseil des Anciens, en dernier lieu du Corps législatif et l'un de ses anciens présidens, est actuellement conseiller de préfecture de l'Hérault; il fut aussi une des victimes désignées par la terreur, et a montré un grand courage.

Leur père eut encore à souffrir dans sa vieillesse des excès de la révolution : après avoir vu périr son fils aîné, et avoir eu à gémir de la proscription de ses deux autres enfans, il fut lui-même incarcéré; (1) et nous sommes témoin oculaire et auriculaire de la résignation dont il donna des preuves dans ce terrible moment. (2) D'un calme imperturbable pour lui, il ne témoignait quelque inquiétude que pour ses enfans, et pour ceux des autres captifs qui partageaient son sort, et qu'il consolait et soutenait tous par son exemple.

____

(1) Ses infirmités ne lui permettant pas de se rendre à pied à la citadelle , lieu désigné pour sa détention, il y fut conduit monté sur un âne.

(2) Depuis l'édit de novembre 1787 qui reconnaît des Protestans en France , leurs ministres ne se cachaient plus.

Nous avions commencé à faire quelques démarches en faveur de ce malheureux vieillard ; mais l'effet de notre zèle fut bientôt arrêté par notre propre incarcération. Le 9 thermidor, en ouvrant les portes de notre prison, nous permit de reprendre le cours de nos bons offices en faveur de ce vertueux patriarche ; nous eumes la satisfaction de le voir rendu à une liberté définitive par l'estimable Perrin des Vosges, qui fut envoyé en mission dans le Gard pour réparer les maux incalculables de son prédécesseur ; il fit en effet tout le bien qu'il était en son pouvoir de faire.

Paul Rabaut avant de mourir eut la satisfaction de voir réaliser ses anciennes espérances : la loi autorisa enfin le culte de la religion à laquelle il s'était dévoué , et pour laquelle il avait tant souffert. Il voulut encore célébrer lui-même l'inauguration du rétablissement de ce culte par un discours de circonstance, dans lequel il put , à la fin de sa pénible carrière , rappeler tant de grands souvenirs, et faire de si heureux et de si touchans rapprochemens que son auditoire fondait en larmes ; et, sentant les approches de la mort, il exhorta ses coreligionnaires à persévérer dans leur foi, dans leur constance, dans leur fidélité pour l'autorité reconnue, leur adressa ses tendres et touchans adieux, et fit ensuite chanter le cantique de Siméon. Il mourut le 4 vendémiaire an 3, à l'âge de 76 ans. Il succomba moins au nombre des années qu'aux suites des peines de sa jeunesse, à celles de sa prison, aux inquiétudes de sa vieillesse, et enfin à une maladie chronique, l'asthme, dont il était depuis long-temps affligé. Sa maladie fut longue; sa mort fut celle d'un sage, et elles furent toujours accompagnées de ce calme qui ne quitte jamais une âme exempte de reproches, et qui ne semblait s'être unie à son corps que pour pouvoir déployer toutes les vertus humaines. (1)

Les plus grands esprits, les plus grands génies ont leurs faiblesses ou leur côté faible. On trouva chez l'immortel Fénélon ce côté

---

(1) Paul Rabaut était de petite taille; il avait le teint brun, la physionomie et le regard doux, beaucoup de gravité dans son maintien, sans cette austérité repoussante qui l'accompagne trop souvent; une grande affabilité, des mœurs simples et patriarchales. Il était très-sobre dans sa nourriture. Il avait une patience admirable, exercée par de fréquentes épreuves. La vie errante et dure à laquelle il avait été contraint dès sa jeunesse en embrassant un sacerdoce proscrit, avait renforcé sa constitution; mais son entier dévouement à son troupeau le fit abuser de ses forces, et il en éprouva les effets dans sa vieillesse.

faible dans le *Quiétisme*; Paul Rabaut offrait le sien dans l'opinion des *Millénaires*, à laquelle il inclinait beaucoup, s'il ne l'avait décidément adoptée. Il voyait dans les prophètes une prédiction qui mérite, par sa singularité et par ses rapports avec l'événement, d'être rappelée : il affirmait qu'l voyait dans ces prophètes l'annonce de grands événemens pour l'époque où s'est en effet manifestée la révolution de la France, et les guerres qui l'ont accompagnée et suivie; il y voyait surtout qu'il paraîtrait au commencement du dix-neuvième siècle un libérateur qu'il appelait *Prince germe*, qui aurait pris naissance dans une île de la Méditerranée, et il n'hésitait qu'entre la Sardaigne et la Corse, parce qu'elles sont près de Rome; il désignait cependant plus particulièrement la Corse, apparemment parce que, plus que la Sardaigne, elle présente l'aspect d'un rocher dans la mer indiqué par la prophétie; il disait que ce Prince opérerait de grandes choses. Cette prévision ne serait point indigne de l'attention du philosophe, si elle paraissait être plus que l'effet d'un hasard singulier et le résultat du texte sacré. Rabaut était mort long-temps avant qu'on pût prévoir que Bonaparte serait appelé à remplir les grandes destinées qu'il accomplit si heureusement et si glorieusement pour la France.

Paul Rabaut ! tu emportas les regrets de la patrie et de tous ceux qui te connurent, et tes vertus n'ont point encore été célébrées par des hommages publics ! En attendant qu'une plume plus exercée acquitte dignement tes contemporains de ce devoir, reçois, ombre respectable, du haut de l'Empirée, où sans doute tu jouis de ce bonheur qui doit être la récompense des hommes vertueux de toutes les religions, reçois ce faible tribut d'admiration que tu sus inspirer à un homme qui, dégagé de préjugés, n'aime pas d'encenser de vaines idoles, et qui, dans toutes les sectes et dans tous les rangs de la société, n'estime que les vertus mises en pratique.

FIN.